My Bilingual Picture Book

Min tosprogede billedbog

Sefa's most beautiful children's stories in one volume

Ulrich Renz • Barbara Brinkmann:

Sleep Tight, Little Wolf · Sov godt, lille ulv

For ages 2 and up

Cornelia Haas • Ulrich Renz:

My Most Beautiful Dream · Min allersmukkeste drøm

For ages 2 and up

Ulrich Renz • Marc Robitzky:

The Wild Swans · De vilde svaner

Based on a fairy tale by Hans Christian Andersen

For ages 5 and up

© 2024 by Sefa Verlag Kirsten Bödeker, Lübeck, Germany. www.sefa-verlag.de

Special thanks to Paul Bödeker, Freiburg, Germany

All rights reserved.

ISBN: 9783756304301

Read · Listen · Understand

Sleep Tight, Little Wolf
Sov godt, lille ulv

Ulrich Renz / Barbara Brinkmann

English — bilingual — Danish

Translation:

Pete Savill (English)

Michael Schultz (Danish)

Audiobook and video:

www.sefa-bilingual.com/bonus

Password for free access:

English: **LWEN1423**

Danish: **LWDA1310**

Good night, Tim! We'll continue searching tomorrow.
Now sleep tight!

Godnat, Tim! Vi leder videre i morgen.
Sov nu godt!

It is already dark outside.

Udenfor er det allerede mørkt.

What is Tim doing?

Hvad laver Tim nu der?

He is leaving for the playground.
What is he looking for there?

Han går ud til legepladsen.
Hvad leder han efter?

The little wolf!

He can't sleep without it.

Den lille ulv!

Uden den kan han ikke sove.

Who's this coming?

Hvem kommer der?

Marie! She's looking for her ball.

Marie! Hun leder efter sin bold.

And what is Tobi looking for?

Og hvad leder Tobi efter?

His digger.

Sin gravemaskine.

And what is Nala looking for?

Og hvad leder Nala efter?

Her doll.

Sin dukke.

Don't the children have to go to bed?
The cat is rather surprised.

Skulle børnene ikke være i seng?
Katten undrer sig.

Who's coming now?

Hvem kommer nu?

Tim's mum and dad!
They can't sleep without their Tim.

Tims mor og far!
Uden deres Tim kan de ikke sove.

More of them are coming! Marie's dad.
Tobi's grandpa. And Nala's mum.

Og dér kommer der endnu flere! Maries far.
Tobis bedstefar. Og Nalas mor.

Now hurry to bed everyone!

Men nu hurtigt i seng!

Good night, Tim!

Tomorrow we won't have to search any longer.

Godnat, Tim!

I morgen behøver vi ikke at lede mere.

Sleep tight, little wolf!

Sov godt, lille ulv!

Cornelia Haas • Ulrich Renz

My Most Beautiful Dream

Min allersmukkeste drøm

Translation:

Sefâ Jesse Konuk Agnew (English)

Pia Schmidt (Danish)

Audiobook and video:

www.sefa-bilingual.com/bonus

Password for free access:

English: **BDEN1423**

Danish: **BDDA1310**

My Most Beautiful Dream
Min allersmukkeste drøm

Cornelia Haas · Ulrich Renz

English — bilingual — Danish

Lulu can't fall asleep. Everyone else is dreaming already – the shark, the elephant, the little mouse, the dragon, the kangaroo, the knight, the monkey, the pilot. And the lion cub. Even the bear has trouble keeping his eyes open …

Hey bear, will you take me along into your dream?

Lulu kan ikke falde i søvn. Alle de andre drømmer allerede – hajen, elefanten, den lille mus, dragen, kænguruen, ridderen, aben, piloten. Og løveungen. Også bamsen kan næsten ikke holde sine øjne åbne …

Tager du mig med i din drøm, bamse?

And with that, Lulu finds herself in bear dreamland. The bear catches fish in Lake Tagayumi. And Lulu wonders, who could be living up there in the trees?

When the dream is over, Lulu wants to go on another adventure. Come along, let's visit the shark! What could he be dreaming?

Og så er Lulu i bamsernes drømmeland. Bamsen fanger fisk i Tagayumisøen. Og Lulu undrer sig over, hvem der bor deroppe i træerne? Da drømmen er slut, vil Lulu opleve endnu mere. Kom med, vi skal på besøg hos hajen! Hvad den mon drømmer?

The shark plays tag with the fish. Finally he's got some friends! Nobody's afraid of his sharp teeth.

When the dream is over, Lulu wants to go on another adventure. Come along, let's visit the elephant! What could he be dreaming?

Hajen leger tagfat med fiskene. Endelig har den fået venner! De er ikke bange for dens skarpe tænder.

Da drømmen er slut, vil Lulu opleve endnu mere. Kom med, vi skal på besøg hos elefanten! Hvad den mon drømmer?

The elephant is as light as a feather and can fly! He's about to land on the celestial meadow.

When the dream is over, Lulu wants to go on another adventure. Come along, let's visit the little mouse! What could she be dreaming?

Elefanten er let som en fjer og kan flyve! Om lidt lander den på en himmelsk blomstereng.
Da drømmen er slut, vil Lulu opleve endnu mere. Kom med, vi skal på besøg hos den lille mus! Hvad den mon drømmer?

The little mouse watches the fair. She likes the roller coaster best.
When the dream is over, Lulu wants to go on another adventure. Come along, let's visit the dragon! What could she be dreaming?

Den lille mus besøger Tivoli. Den kan bedst lide rutsjebanen.
Da drømmen er slut, vil Lulu opleve endnu mere. Kom med, vi skal på besøg hos dragen! Hvad den mon drømmer?

The dragon is thirsty from spitting fire. She'd like to drink up the whole lemonade lake.
When the dream is over, Lulu wants to go on another adventure. Come along, let's visit the kangaroo! What could she be dreaming?

Dragen er blevet helt tørstig af at spy ild. Den vil helst drikke hele limonadesøen.

Da drømmen er slut, vil Lulu opleve endnu mere. Kom med, vi skal på besøg hos kænguruen! Hvad den mon drømmer?

The kangaroo jumps around the candy factory and fills her pouch. Even more of the blue sweets! And more lollipops! And chocolate!
When the dream is over, Lulu wants to go on another adventure. Come along, let's visit the knight! What could he be dreaming?

Kænguruen hopper rundt i slikfabrikken og fylder sin pung helt op. Endnu flere blå bolsjer! Og flere slikkepinde! Og chokolade!

Da drømmen er slut, vil Lulu opleve endnu mere. Kom med, vi skal på besøg hos ridderen! Hvad han mon drømmer?

The knight is having a cake fight with his dream princess. Oops! The whipped cream cake has gone the wrong way!
When the dream is over, Lulu wants to go on another adventure. Come along, let's visit the monkey! What could he be dreaming?

Ridderen leger lagkagekast med sin drømmeprinsesse. Åh! Lagkagen rammer ved siden af!

Da drømmen er slut, vil Lulu opleve endnu mere. Kom med, vi skal på besøg hos aben! Hvad den mon drømmer?

Snow has finally fallen in Monkeyland. The whole barrel of monkeys is beside itself and getting up to monkey business.

When the dream is over, Lulu wants to go on another adventure. Come along, let's visit the pilot! In which dream could he have landed?

Endelig har det sneet i abeland! Hele abebanden er ude og laver abestreger.
Da drømmen er slut, vil Lulu opleve endnu mere. Kom med, vi skal på besøg hos piloten! I hvilken drøm er han mon landet?

The pilot flies on and on. To the ends of the earth, and even farther, right on up to the stars. No other pilot has ever managed that.
When the dream is over, everybody is very tired and doesn't feel like going on many adventures anymore. But they'd still like to visit the lion cub.
What could she be dreaming?

Piloten flyver og flyver. Lige til verdens ende og videre helt op til stjernerne. Det er der ikke nogen pilot der har gjort før.
Da drømmen er slut, er alle blevet meget trætte og vil slet ikke opleve så meget mere. Men de vil nu gerne besøge løveungen. Hvad den mon drømmer?

The lion cub is homesick and wants to go back to the warm, cozy bed.
And so do the others.

And thus begins ...

Løveungen har hjemve og vil tilbage til sin bløde og varme seng.
Og det vil de andre også.

Og så begynder ...

... Lulu's
most beautiful dream.

... Lulus
allersmukkeste drøm.

Ulrich Renz • Marc Robitzky

The Wild Swans

De vilde svaner

Translation:

Ludwig Blohm, Pete Savill (English)

Pia Schmidt (Danish)

Audiobook and video:

www.sefa-bilingual.com/bonus

Password for free access:

English: **WSEN1423**

Danish: **WSDA1310**

Ulrich Renz · Marc Robitzky

The Wild Swans

De vilde svaner

Based on a fairy tale by

Hans Christian Andersen

English — bilingual — Danish

Once upon a time there were twelve royal children – eleven brothers and one older sister, Elisa. They lived happily in a beautiful castle.

Der var engang tolv kongebørn – elleve brødre og deres storesøster, Elisa. De levede lykkeligt på et smukt slot.

One day the mother died, and some time later the king married again. The new wife, however, was an evil witch. She turned the eleven princes into swans and sent them far away to a distant land beyond the large forest.

Men en dag døde deres mor, og nogen tid senere giftede kongen sig igen. Den nye dronning var dog en ond heks. Hun fortryllede de elleve prinser, så de blev til svaner, og sendte dem langt bort til et fjernt land på den anden side af skoven.

She dressed the girl in rags and smeared an ointment onto her face that turned her so ugly, that even her own father no longer recognized her and chased her out of the castle. Elisa ran into the dark forest.

Pigen klædte hun i laset tøj, og hendes ansigt smurte hun ind i en hæslig salve. Ikke engang hendes far kunne kende sin egen datter igen, og han jog hende bort fra slottet. Elisa løb ind i den mørke skov.

Now she was all alone, and longed for her missing brothers from the depths of her soul. As the evening came, she made herself a bed of moss under the trees.

Nu var hun helt alene, og hun savnede sine forsvundne brødre af hele sit hjerte. Da det blev aften, redte hun sig en seng af mos under træerne.

The next morning she came to a calm lake and was shocked when she saw her reflection in it. But once she had washed, she was the most beautiful princess under the sun.

Næste morgen kom hun hen til en stille sø og blev helt forskrækket, da hun så sit spejlbillede i vandet. Men da hun havde vasket sig, var hun det smukkeste kongebarn på jorden.

After many days Elisa reached the great sea. Eleven swan feathers were bobbing on the waves.

Mange dage senere nåede hun frem til det store hav. På bølgerne gyngede elleve svanefjer.

As the sun set, there was a swooshing noise in the air and eleven wild swans landed on the water. Elisa immediately recognized her enchanted brothers. They spoke swan language and because of this she could not understand them.

Da solen gik ned, kunne man høre vingesus i luften og elleve svaner landede på vandet. Elisa genkendte straks sine fortryllede brødre. Men da de talte svanesprog, kunne hun ikke forstå dem.

During the day the swans flew away, and at night the siblings snuggled up together in a cave.

One night Elisa had a strange dream: Her mother told her how she could release her brothers from the spell. She should knit shirts from stinging nettles and throw one over each of the swans. Until then, however, she was not allowed to speak a word, or else her brothers would die.
Elisa set to work immediately. Although her hands were burning as if they were on fire, she carried on knitting tirelessly.

Om dagen fløj svanerne bort, om natten lå de tolv søskende i en hule og klyngede sig til hinanden.

En nat havde Elisa en forunderlig drøm: Hendes mor fortalte hende, hvordan hun kunne forløse sine brødre. Hun skulle strikke en skjorte af brændenælder til hver svane og kaste skjorten over svanen. Men indtil da måtte hun ikke sige et ord, ellers ville hendes brødre dø.
Elisa gik straks i gang med arbejdet. Selv om hendes hænder sved som ild, strikkede hun ihærdigt videre.

One day hunting horns sounded in the distance. A prince came riding along with his entourage and he soon stood in front of her. As they looked into each other's eyes, they fell in love.

En skønne dag hørte hun jagthorn i det fjerne. En prins kom ridende med sit følge og stod snart foran Elisa. Da deres blikke mødtes, blev de straks forelsket i hinanden.

The prince lifted Elisa onto his horse and rode to his castle with her.

Prinsen løftede Elisa op på sin hest og red hjem til sit slot sammen med hende.

The mighty treasurer was anything but pleased with the arrival of the silent beauty. His own daughter was meant to become the prince's bride.

Den mægtige skatmester var ikke særligt begejstret for den tavse skønheds ankomst. Han havde udset sin egen datter til at blive prinsens brud.

Elisa had not forgotten her brothers. Every evening she continued working on the shirts. One night she went out to the cemetery to gather fresh nettles. While doing so she was secretly watched by the treasurer.

Elisa havde ikke glemt sine brødre. Hver aften arbejdede hun videre på deres skjorter. En nat gik hun ud til kirkegården, for at hente friske brændenælder. Skatmesteren holdt i hemmelighed øje med hende.

As soon as the prince was away on a hunting trip, the treasurer had Elisa thrown into the dungeon. He claimed that she was a witch who met with other witches at night.

Så snart prinsen tog på jagt igen, fik skatmesteren smidt Elisa i fangehullet. Han påstod, at hun var en heks, som mødtes med andre hekse om natten.

At dawn, Elisa was fetched by the guards. She was going to be burned to death at the marketplace.

Ved daggry blev Elisa hentet af vagterne. Hun skulle brændes på torvet.

No sooner had she arrived there, when suddenly eleven white swans came flying towards her. Elisa quickly threw a shirt over each of them. Shortly thereafter all her brothers stood before her in human form. Only the smallest, whose shirt had not been quite finished, still had a wing in place of one arm.

De var lige nået dertil, da elleve hvide svaner pludseligt kom flyvende. Elisa skyndte sig at kaste en nældeskjorte over hver svane. Med ét stod alle elleve brødre foran hende igen. Kun den mindste bror, hvis skjorte ikke var blevet helt færdigt, beholdt en vinge i stedet for sin arm.

The siblings' joyous hugging and kissing hadn't yet finished as the prince returned. At last Elisa could explain everything to him. The prince had the evil treasurer thrown into the dungeon. And after that the wedding was celebrated for seven days.

And they all lived happily ever after.

De tolv søskende kyssede og krammede hinanden, da prinsen kom tilbage. Endelig kunne Elisa forklare ham alt. Prinsen lod den onde skatmester smide i fangehullet. Så blev der holdt bryllup i syv dage.

Og de levede lykkeligt til deres dages ende.

Hans Christian Andersen

Hans Christian Andersen was born in the Danish city of Odense in 1805, and died in 1875 in Copenhagen. He gained world fame with his literary fairy-tales such as „The Little Mermaid", „The Emperor's New Clothes" and „The Ugly Duckling". The tale at hand, „The Wild Swans", was first published in 1838. It has been translated into more than one hundred languages and adapted for a wide range of media including theater, film and musical.

Barbara Brinkmann was born in Munich in 1969 and grew up in the foothills of the Bavarian Alps. She studied architecture in Munich and is currently a research associate in the Department of Architecture at the Technical University of Munich. She also works as a freelance graphic designer, illustrator, and author.

Cornelia Haas has been illustrating childrens' and adolescents' books since 2001. She was born near Augsburg, Germany, in 1972. She studied design at the Münster University of Applied Sciences and is currently a professor on the faculty of Münster University of Applied Sciences teaching illustration.

Marc Robitzky, born in 1973, studied at the Technical School of Art in Hamburg and the Academy of Visual Arts in Frankfurt. He works as a freelance illustrator and communication designer in Aschaffenburg (Germany).

Ulrich Renz was born in Stuttgart, Germany, in 1960. After studying French literature in Paris he graduated from medical school in Lübeck and worked as head of a scientific publishing company. He is now a writer of non-fiction books as well as children's fiction books.

Do you like drawing?

Here are the pictures from the story to color in:

www.sefa-bilingual.com/coloring

www.ingramcontent.com/pod-product-compliance
Lightning Source LLC
LaVergne TN
LVHW070448080526
838202LV00035B/2769